W0048118

Schirner
Verlag

REINHARD STENGEL

Seelengespräch mit dem
KÖRPER

Die Botschaften des
Körpers entschlüsseln

Schirner
Verlag

Die Ratschläge in diesem Buch sind sorgfältig erwogen und geprüft. Sie bieten jedoch keinen Ersatz für kompetenten medizinischen Rat, sondern dienen der Begleitung und der Anregung der Selbstheilungskräfte. Alle Angaben in diesem Buch erfolgen daher ohne Gewährleistung oder Garantie seitens des Autors oder des Verlages. Eine Haftung des Autors bzw. des Verlages und seiner Beauftragten für Personen-, Sach- und Vermögensschäden ist ausgeschlossen.

ISBN Printausgabe 978-3-8434-5095-9
ISBN E-Book 978-3-8434-6168-9

Reinhard Stengel:
Seelenschamanische Energiearbeit
Seelengespräch mit dem Körper
Die Botschaften des Körpers entschlüsseln
© 2014 Schirner Verlag, Darmstadt

Umschlag: Murat Karaçay, Schirner,
unter Verwendung von #15300025
(James Steidl), #71331583 (Patryk Kosmider)
und #13786666 (Andrea Haase),
www.shutterstock.com
Redaktion & Satz: Bastian Rittinghaus, Schirner
Lektorat: Dirk Grosser
Printed by: ren medien, Filderstadt, Germany

www.schirner.com

3. Auflage Oktober 2015

Inhalt

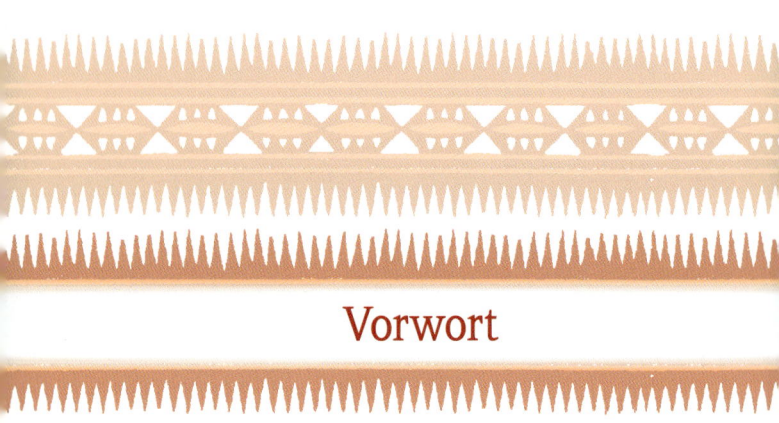

Vorwort

Seit einigen Jahren gewinnen die ganzheitlichen Heilmethoden immer mehr Beachtung. Den Menschen wird bewusster, dass Gesundheit mehr ist als bloße Symptomfreiheit und dass ihr Körper ein komplexes System darstellt, in dem alles mit allem verknüpft ist. So haben sich neben der Schulmedizin viele Richtungen etabliert, die dieser Bewusstseinsentwicklung Rechnung tragen: Homöopathie, traditionelle chinesische Medizin, Cranio-Sacral-Therapie, Osteopathie und einige weitere Methoden sind mittlerweile in der Gesellschaft angekommen. Auch schamanische Wege werden zunehmend beliebter, vor allem bei Menschen, die ein intuitives Verständnis dafür haben, dass körperliche Unpässlichkeiten oft seelische Ursachen haben.

Auch mir ist vor vielen Jahren klar geworden: Ich bin nicht nur Körper, ich bin nicht nur Denken. Ich bin noch viel mehr. Ich bin meine Seele, die in diesem Körper wohnt, mit ihm für eine gewisse Zeit verbunden ist und ihn mit ihren Erfahrungen, den verarbeiteten und den unverarbeiteten, beeinflusst.

Der Seelenschamanismus, wie ich ihn gelernt habe und nun seit einigen Jahren auch weitergebe, bietet einen viel weiteren Zugang zum Thema Gesundheit, als wir ihn üblicherweise haben. Gerade in Situationen, in denen wir mit gängigen medizinischen oder auch psychologischen Kenntnissen nicht mehr weiterkommen, kann uns der Seelenschamanismus eine neue Tür zu uns selbst öffnen.

Gerade die Überzeugung, dass alles beseelt ist – und dass wir Menschen nicht nur eine Seele haben, die uns ausmacht, sondern in uns viele Seelenanteile versammelt sind –, kann uns zu einem völlig neuen Verständnis unserer Gesundheit führen.

Zwar ist unser Körper ein Ganzes, eine Einheit, doch können wir unsere Körperteile auch als einzelne Systeme innerhalb eines größeren Systems betrachten. Auf diese Weise können wir die einzelnen Teile unseres Körpers gesondert ansprechen und wirklich mit ihnen kommunizieren. Wir können herausfinden, was mit ihnen nicht stimmt, was sie benötigen, wo die Ursachen für Probleme liegen. Oft verlieren wir unsere einzelnen Körperteile aus dem Blick, vergessen, dass sie alle wichtig für uns sind.

Dabei leistet jedes Körperteil täglich Schwerstarbeit: unsere Knie, unsere Lungen, unsere Hände, unser Herz – von ihnen allen erwarten wir stets stillschweigend, dass sie reibungslos funktionieren. Ebenso hoffen wir von allen anderen Körperteilen und Organen, dass sie den Anforderungen, die wir an sie stellen, gerecht werden, damit wir in unserem Leben das tun können, was uns Freude bereitet. Meist machen wir uns erst Gedanken über einen Teil unseres Körpers, wenn dieser nicht mehr einwandfrei arbeitet und das leistet, was wir möchten.

Wer sich schon mit dem Seelenschamanismus beschäftigt hat, weiß, dass es für nahezu alle gesundheitlichen Probleme einen seelischen Hintergrund gibt. Diesen zu kennen und zu bearbeiten kann viel zu unserer Heilung beitragen. Um diesen seelischen Hintergrund zu erfahren, bedarf es einer ganz neuen Form der Kommunikation mit unserem Körper, die in diesem Buch vorgestellt wird. Wir lernen hier, unserem Körper zuzuhören und seine Botschaften zu entschlüsseln ebenso wie das bewusste Übermitteln von Informationen, die ihm helfen, in die Heilung zu gehen. Wir führen ein echtes Gespräch mit unseren Organen, hören, was ihnen fehlt, was sie von uns benötigen und wie wir unser Leben ändern können, um langfristige Gesundheit zu erreichen.

Darüber hinaus möchte ich in diesem Buch auch eine Meditations- und Visualisierungsmethode mit dir teilen, die die »innere Blume« genannt wird. Sie kann uns auf sehr einfache Weise eine Vielzahl von Informationen über unseren momentanen emotionalen und körperlichen Zustand geben, der sogleich innerhalb der Meditation bewusst verändert werden kann.

Das sind viele Dinge auf kleinem Raum (denn so dick ist dieses Büchlein nun wirklich nicht), aber ich bin sicher, dass du alles gut verstehen und vor allem praktisch anwenden kannst, wenn du meinen Worten von Anfang bis Ende folgst und dir auch entsprechend Zeit für die Übungen nimmst.

Denke immer daran, dass der Seelenschamanismus vor allem eine erfahrungsorientierte Methode ist, die nur so weit helfen kann, wie du dich auf sie einlässt. In diesem Sinne wünsche ich dir viel Erfolg und einen neuen Zugang zu deiner eigenen Heilung!

Reinhard Stengel
Frühjahr 2014

Der Körper spricht zu uns

Es ist nicht so, dass der Körper nur zu demjenigen spräche, der über Erfahrung im schamanischen Bereich verfügt. Jeder Mensch erhält Botschaften von seinem Körper – nur hören die meisten von uns nicht wirklich zu! Wir sind alle viel zu sehr mit anderen Dingen beschäftigt, lassen uns von allem und jedem ablenken, sodass uns die wirklich wichtigen Dinge oftmals entgehen. Erst wenn uns der Körper sein letztes Notsignal sendet – starke Schmerzen –, werden wir aufmerksam und versuchen, möglichst schnell die Symptome loszuwerden.

Bei dieser Herangehensweise übersehen wir jedoch meist die wahren Ursachen der Unpässlichkeit. Wir sind so damit beschäftigt, die Symptome zu unterdrücken, dass wir meist gar nicht auf die Idee kommen, in achtsamer Weise nach den Ursachen zu forschen und herauszubekommen, was der Körper uns eigentlich sagen möchte. Doch hinter jedem Symptom steckt eine Ursache – und diese ist zumeist in der seelischen Verfassung zu finden.

In vielen Redewendungen unserer Alltagssprache finden wir Hinweise auf diese verdeckten Ursachen. Wer hat nicht schon einmal etwas gesagt wie:

»Mir stinkt es gewaltig …«
»Ich habe die Nase voll …«
»Das schlägt mir auf den Magen …«
»Das schnürt mir den Hals zu …«
»Mir bleibt die Luft weg …«
»Mir bleibt die Spucke weg …«
»Das geht mir wirklich an die Nieren …«
»Welche Laus ist dir denn über die Leber gelaufen …«
»Diesen Typen kann ich einfach nicht riechen …«
»Bei dem Gedanken bekomme ich Gänsehaut …«
»Ich könnte aus der Haut fahren …«

In diesen Aussagen sehen wir deutlich die Verbindung zwischen unserem seelischen Zustand und unserem körperlichen Befinden. Diesen Sätzen folgt sehr häufig eine sehr direkte Reaktion des Körpers: Wer »die Nase voll hat«, bekommt schnell eine Erkältung, ebenso der, dem etwas »stinkt«. Wem es »den Hals zuschnürt« und wem »die Luft wegbleibt«, erkrankt schnell an Lungenleiden wie Asthma oder Bronchitis. Wem etwas »auf den Magen schlägt«, bekommt häufig Magenschmerzen oder – wenn er sich gar nicht um die Sache kümmert – sogar ein Magengeschwür.

Wem etwas emotional sehr nahegeht, wem also »etwas an die Nieren geht«, der läuft Gefahr, dass dieses Organ auch körperlich erkrankt.

Zudem kennst du bestimmt die Ausdrücke »das tut mir in der Seele weh« und »Herzschmerz«. Der Volksmund kennt intuitiv die Verbindung von Körper und Seele. Es wird Zeit, dass wir uns ganz bewusst darauf zurückbesinnen, denn die Sprache des Körpers ist die Sprache unseres Unterbewusstseins. Wenn wir unserem Körper zuhören und mithilfe der schamanischen Techniken, die ich in diesem Buch vorstelle, mit ihm kommunizieren, lernen wir, genau abzulesen, was uns wirklich fehlt und sich durch ein bestimmtes körperliches Symptom ausdrücken möchte. Dann können wir direkt an der eigentlichen Ursache arbeiten und wahre Heilung erzielen, die auf einer weitaus tieferen Ebene wirkt als zum Beispiel eine Kopfschmerztablette.

Im Seelenschamanismus gehen wir davon aus, dass wir und alles um uns herum beseelt sind. Jedes Tier, jede Pflanze, jeder Stein, jeder Berg, jeder See, jeder Fluss, jede Blume, jeder Baum ... alle besitzen sie eine Seele, alle sind sie lebendig. Genauso ist auch jedes Organ und jedes Körperteil von uns beseelt. Alle unsere Organe, alle unsere Körperteile besitzen eine eigene Schwingung und Ausstrahlung. Natürlich haben wir Menschen eine Seele, die uns ausmacht, die unseren Seelenplan verfolgt (oder auch nicht) und die unsere Essenz darstellt. Aber diese Seele lässt sich im Körper nieder und verbindet sich mit ihm. Dabei geht sie auch in jedes einzelne Organ und jedes Körperteil ein und drückt dort verschiedene Aspekte unseres Selbst aus, die jeweils der Aufgabe des Organs entsprechen.

So könnte man auch sagen, dass jedes Organ in gewisser Weise über ein eigenes Dasein, ein eigenständiges Wesen mit eigenen Reaktionen verfügt. Ja, man könnte sogar behaupten, dass jedes Körperteil einen eigenen Willen hat, der sich natürlich meist unserem bewussten und übergeordneten Willen fügt, aber in manchen Fällen (je nach der zugrunde liegenden seelischen Erfahrung) seine eigenen Wege geht und damit die Harmonie unseres Körper-Geist-Seele-Systems empfindlich stört. Wir können den Körper als Gemeinschaft ansehen, die aus vielfältigen Individuen besteht, die wiederum, um zusammenleben zu können, harmonisch interagieren müssen. Eine funktionierende Gemeinschaft braucht die Vielseitigkeit genauso, wie unser Körper sie benötigt. Eine Gesellschaft, in der jeder Schmied ist, aber niemand Bäcker sein möchte, funktioniert genauso wenig wie ein Körper mit 17 Mägen aber ohne Leber.

Und neben dieser Vielseitigkeit brauchen Gesellschaft wie Körper Harmonie und Einigkeit. Wenn jeder nur für sich arbeitet, wird sich eine Gesellschaft auf Dauer nicht halten können – ebenso wenig wie ein Körper, in dem die Galle nicht mit der Leber zusammenarbeitet und der Magen nicht mit dem Darm.

Gibt es jemanden (ein Mitglied der Gesellschaft oder ein Körperteil), der völlig querschießt und ohne jede Rücksicht auf die anderen Mitglieder der Gemeinschaft »sein Ding durchzieht«, stört er die Harmonie und das Gleichgewicht. Daraus entstehen gesellschaftliche Konflikte oder körperliche Unpässlichkeiten. Um solche Disharmonien zu beseitigen, wird man auf gesellschaftlicher Ebene das Gespräch suchen – ebenso machen wir das auf körperlicher Ebene: Wir sprechen mit den einzelnen Körperteilen, um das Gleichgewicht wiederherzustellen!

Hierzu bedienen wir uns der intuitiven Seelenkommunikation mit dem entsprechenden Organ und erinnern es an seine Aufgabe und seine Verantwortung innerhalb der Gemeinschaft unseres Körpers. Wir müssen diesem Teil unseres Körpers klarmachen, dass es nur als Teamspieler gewinnen kann.

Da, wie gesagt, jede Krankheit einen seelischen Hintergrund hat, finden wir heraus, welche seelische Befindlichkeit zu diesem Ungleichgewicht geführt hat. Wir fragen, was das Körperteil braucht, um sich wieder in die Gemeinschaft einzufügen und seine Aufgabe zu erfüllen.

Das hört sich nun vielleicht alles ein bisschen seltsam für dich an, deshalb werden wir die Idee des Dialogs mit dem Körper im nächsten Kapitel noch weiter ausführen und zwei vorbereitende Übungen machen, die dich langsam auf den Weg zur Seelenkommunikation mit deinem Körper führen.

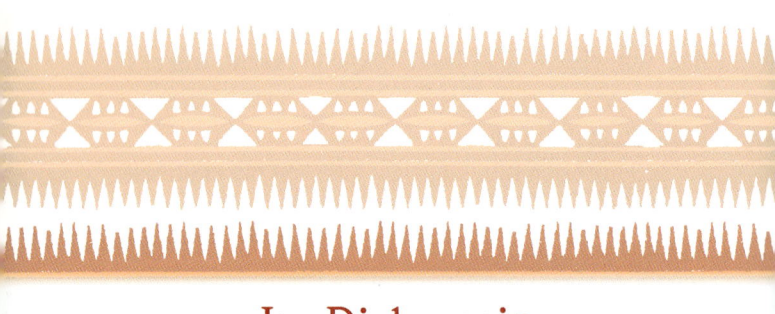

Im Dialog sein –
Heilung finden

Viele Studien haben gezeigt, dass eine der wichtigsten Voraussetzungen für eine erfolgreiche Heilung (auch im Rahmen der Schulmedizin) nicht die verabreichten Medikamente sind, auch nicht die empfohlene Ruhe und Erholungszeit und auch nicht etwaige Behandlungen wie Massagen, Verbände, Physiotherapie oder Ähnliches. Worauf es ganz entscheidend ankommt, ist das Vertrauen zum behandelnden Arzt oder Therapeuten und eine grundsätzlich empfundene Sympathie diesem gegenüber. Wodurch entsteht aber dieses Vertrauen?

Es entwickelt sich durch echten Dialog. Der Therapeut stellt Fragen und hört dem Patienten aufmerksam zu. Dieser fühlt sich wahrgenommen und verstanden. Jemand ist für ihn und seine Probleme da, hört aufmerksam zu, fragt nach, macht Vorschläge, nimmt ihn als Person ernst.

Vielleicht kannst du dir vorstellen, wie sich manche gesundheitlichen Probleme allein durch solch ein echtes Gespräch lösen können. Ich muss natürlich leider zugeben, dass ich hier ein Ideal schildere, dem immer weniger Ärzte gerecht werden oder auch nur gerecht werden können. Überall scheint es heutzutage Zeit- und Gelddruck zu geben, sodass solche Gespräche leider oft auf der Strecke bleiben und einer Medizin-Maschinerie Platz machen, die eher an die Abfertigung auf einem Güterbahnhof erinnert. Doch ich denke, dass sich viele alternative Therapeuten noch diesem Ideal verschrieben fühlen und es auch leben können. Ihre Erfahrung wird sicherlich davon künden, dass dieses Vertrauensverhältnis einen großen Beitrag zur Heilung des Patienten leistet.

Was sagt uns dies nun über den Umgang mit uns selbst und mit unseren Organen und Körperteilen? Ganz einfach: Auch wir müssen in Dialog treten. Auch wir müssen lernen zuzuhören. Allerdings fällt das vielen Menschen schwer, da sie den Kontakt zu sich selbst nur selten suchen. Aus diesem Grund möchte ich dir hier eine kleine meditative Übung empfehlen, die du am besten regelmäßig durchführst, um dich wieder mit deinem Körper bekannt zu machen. Zumindest solltest du sie eine Woche lang täglich machen, bevor du mit der »richtigen« Seelenkommunikation mit dem Körper in den weiterführenden Kapiteln beginnst.

Übung 1:
Auf den Körper hören lernen

Nimm dir ein wenig Zeit, setze oder lege dich bequem auf den Boden, spüre die Erde unter dir ruhen, und schließe deine Augen. Werde dir deines Atems bewusst, achte darauf, wie der Atem kommt und geht, wie es dich atmet, ein und aus, ein und aus. Bleibe einige Momente lang mit deiner Aufmerksamkeit bei deinem Atem.

Entspanne dich ganz bewusst. Lasse los, und gib dich ganz dem Fluss deines Atems hin. Vertraue dieser ruhigen Kraft, und lasse dich von ihr tragen!

Richte deine Aufmerksamkeit dann auf deine Fußsohlen, deine Zehen, deine gesamten Füße. Spüre in sie hinein. Gehe dann weiter zu deinen Knöcheln, deinen Waden, deinen Schienbeinen. Richte deine gesamte Aufmerksamkeit auf diesen Bereich deines Körpers. Wandere dann mit deiner Achtsamkeit weiter deine Beine herauf, durch deine Knie, deine Kniekehlen, weiter zu den Oberschenkeln. Spüre tief in sie hinein. Lenke deine Aufmerksamkeit dann auf deinen Beckenbereich und deine Genitalien. Spüre dein Gesäß und deinen unteren Rücken. Spüre deine Wirbelsäule und deine Schulterblätter. Spüre deinen Bauch, wie er sich mit dem Atem hebt und senkt. Spüre deine Brust und den Atem, wie er sie hebt und senkt. Spüre deine Schultern, deine Oberarme, deine Unterarme, deine Hände und Finger. Lenke deine Aufmerksamkeit dann wieder die Arme hinauf in deine Schultern und dann in deinen Nacken. Spüre deinen Kopf, deinen Scheitel, deine Stirn, dein Gesicht. Fühle deine Augen in ihren Höhlen, spüre deine Nase, deine Lippen, deine Zunge, deine Zähne. Spüre deine Wangen, deine Ohren. Lasse dir genügend Zeit, jeden Bereich deines Körpers ganz bewusst wahrzunehmen und tief in ihn hineinzuspüren.

Wenn du jeden Bereich erspürt hast, atme dreimal tief durch, und öffne dann langsam deine Augen. Recke und strecke dich, und spüre dabei auch noch einmal deinen Muskeln, Bändern und Sehnen nach.

Du wirst schnell feststellen, dass diese einfache Übung einen äußerst entspannenden Effekt haben kann. Wenn du diese Übung einige Male gemacht hast, achte auch auf die Unterschiede, die du wahrnehmen kannst. Fühlt sich dein Bauch heute anders an als bei der gestrigen Übung? Möchte dich dein Körper vielleicht auf deinen Ärger hinweisen, den du in dich hineinfrisst?

Sind deine Muskeln im Nacken heute verspannter? Was meinst du, möchte dir dein Körper damit signalisieren? Hast du vielleicht zu lange am Schreibtisch gesessen? Oder sitzt dir eine unangenehme Aufgabe buchstäblich »im Nacken«?

Schon diese einfache Übung kann dir enorm viel über dich und deinen seelischen Zustand verraten. Du wirst mit zunehmender Praxis immer mehr auf deinen Körper achten und ihn bewusster wahrnehmen. Dies ist der erste Schritt zu einer neuen Beziehung zu dir selbst und zu deinem Körper. Du wirst nun langsam selbst zu deinem aufmerksamen Therapeuten. Du wirst ein echter Freund deines Körpers!

In der nächsten Übung wirst du lernen, deinen Körper wissen zu lassen, dass du für ihn da bist, ihm zuhörst und seine Probleme nicht länger ignorierst. Hier beginnt die wirkliche Kommunikation.

Übung 2:
Dem Körper Botschaften senden

Nimm dir wieder Zeit, setze oder lege dich bequem auf den Boden, spüre ganz bewusst die Erde unter dir, und schließe deine Augen. Achte eine Weile auf deinen Atem, wie er kommt und geht – beobachte deinen Atem nur, versuche nicht, ihn in irgendeiner Weise zu beeinflussen. Lasse dich atmen!

Entspanne dich. Lasse los, und gib dich ganz dem Fluss des Atems hin.

Richte deine Aufmerksamkeit dann wieder auf deinen Körper, und wandere durch die einzelnen Bereiche wie in der Übung, die du schon kennengelernt hast. Beginne bei den Füßen, lenke deine Aufmerksamkeit durch die Beine, dein Becken, deinen Rücken, deinen Bauch und deine Brust, deine Schultern und Arme, deine Hände. Spüre deinen Nacken, deinen Kopf und dein Gesicht.

Wenn du irgendwo in deinem Körper eine gewisse Anspannung wahrnimmst, einen Druck oder ein Ziehen, irgendetwas, dann verweile dort, spüre noch tiefer in diesen Körperteil hinein, und sage dann: »Ich spüre dich. Ich achte auf dich und bin für dich da!

Ich kümmere mich um deine Bedürfnisse!«
Wiederhole diese Sätze, bis du eine merkliche
Veränderung spürst. Oftmals macht sich sehr
schnell eine große Leichtigkeit in diesem Be-
reich bemerkbar.

Wenn du mit deiner Aufmerksamkeit durch
deinen ganzen Körper gewandert bist, atme
dreimal tief durch, und öffne dann langsam
deine Augen. Recke und strecke dich so, wie
es dir guttut.

Deinem Körper die Aufmerksamkeit zukommen
zu lassen, die er benötigt, wird dein Verhältnis zu
ihm grundlegend verändern. Viel zu viele Menschen
sind sich ihres Körpers gar nicht bewusst – und so ist
es natürlich schwierig, seine Botschaften zu empfangen, durch die unsere Seele zu uns spricht.

Überhaupt könnte man die schamanische Arbeit
generell als Prozess der Bewusstwerdung verstehen.
Wir öffnen unsere Augen für das, was um und in uns
geschieht. Wir öffnen uns für die Erfahrungen dieser
Welt ebenso wie für Erfahrungen aus der geistigen
Welt.

Auch die nächste Übung, die ebenfalls als Vor-
bereitung für die Seelenkommunikation dient (aber

wie die beiden vorherigen Übungen immer wieder einmal gemacht werden darf), dient dieser allgemeinen Bewusstwerdung. In dieser Übung werden wir versuchen, uns so ehrlich wie möglich selbst zu begegnen und uns die Fragen, die wir uns stellen, so aufrichtig wie möglich zu beantworten. Bei dieser Übung geht es um gesundheitliche Probleme, die wir akut spüren oder die wir schon länger mit uns herumschleppen.

Übung 3:
Leiden verstehen

Nimm dir etwas Zeit, und setze dich mit Papier und Stift an einen ruhigen, ungestörten Ort. Schließe deine Augen, und achte ein paar Minuten lang auf deinen Atem. Lasse den Atem fließen, und folge ihm mit deiner Aufmerksamkeit.

Dann richte diese Aufmerksamkeit auf dein gesundheitliches Problem. Versuche, dieses Problem ganz objektiv anzuschauen. Sieh einfach nur hin, ohne es zu beurteilen, und vor allem, ohne dich in Klagen und Jammern zu ergehen. Schaue einfach hin. Beobachte. Erkenne.

Öffne nun deine Augen, und stelle dir folgende Frage: »Woran hindert mich mein gesundheitliches Problem?«

Schreibe auf, was dir spontan einfällt. Stichpunkte reichen völlig aus, du musst hier keine literarische Meisterleistung vollbringen.

Wenn du damit fertig bist, stelle dir die nächste Frage: »Was kann ich trotz meines gesundheitlichen Problems noch tun und genießen?«

Schreibe auch hier wieder auf, was dir als Erstes einfällt, und wende dich dann der nächsten Frage zu: »Welche Vorteile bietet mir mein gesundheitliches Problem?«

Wenn du hierzu deine Antworten aufgeschrieben hast, beschäftige dich mit der nächsten und letzten Frage: »Was würde ich verlieren, wenn mein gesundheitliches Problem gelöst wäre?«

Schreibe wieder ein paar Stichpunkte auf, und schaue dir dann deine Antworten noch einmal an. Atme. Verstehe.

Vielleicht hast du bei der letzten Übung kein Wohlgefühl erlebt, wie du es von den anderen Meditationen gewohnt bist. Das tut mir leid, aber manchmal ist spirituelle Arbeit einfach etwas anderes als ein Sich-Wohlfühlen. Vielleicht ist ein Erkennen nicht immer angenehm. Aber dennoch kann dir diese Übung sehr viel bringen, glaube mir. Ich bin mir sicher, dass du ein kleines Aha-Erlebnis haben wirst. Und dieses Aha-Erlebnis wird viel zu deiner Heilung beitragen, dessen darfst du gewiss sein.

Du hast nun drei vorbereitende Übungen gemacht. Gerade die Übungen 1 und 2 solltest du öfter gemacht haben, bis du mit den nächsten Übungen zur Seelenkommunikation fortfährst. Nimm dir ruhig Zeit dafür. Dieses Buch wird bestimmt nicht weglaufen. Es wartet geduldig auf deine Schritte, die ganz in deinem Tempo erfolgen dürfen.

Wenn du so weit bist, werden wir uns jetzt der Kommunikation mit unserem eigenen Herzen zuwenden, um seine Botschaften zu erfahren und sie durch uns sprechen zu lassen.

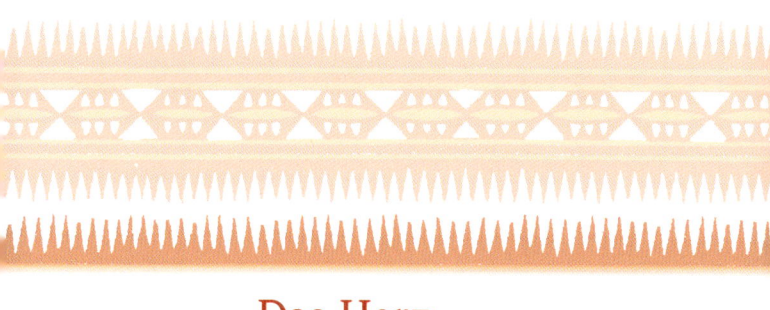

Das Herz –
Zentrum unseres Lebens

Das Herz ist das zentrale Organ unseres Blutkreislaufs. Während eines Menschenlebens schlägt es etwa drei Milliarden Mal und pumpt dabei ca. 250 Millionen Liter Blut durch den Körper. Unglaublich, was so ein verhältnismäßig kleines Organ leisten kann! Dagegen sieht auch ein Formel-1-Motor ziemlich alt aus.

Wenn das Herz erkrankt, weil wir uns nicht ausreichend um unseren Körper und um unsere Ernährung gekümmert, uns nur wenig Bewegung gegönnt, aber dennoch ständig Stress (ob beruflich oder privat) gehabt haben, hat dies schlimme Folgen für den ganzen Körper. Wird das Herz schwach, so büßt der ganze Körper seine Leistungsfähigkeit ein. Alles, was uns Freude bereitet, wird mit einer Herzerkrankung plötzlich schwierig oder unmöglich. Aus diesem Grund sollten wir uns gut um unser Herz kümmern!

Das Herz ist aber noch viel mehr. In den meisten Kulturen wird es als Zentrum des Lebens angesehen. Es ist nicht nur der Muskel, der die lebensnotwendige Funktion hat, das Blut durch unseren Körper und in alle Organe zu pumpen und diese so mit Nährstoffen zu versorgen. Es ist auch das emotionale Zentrum, unsere emotionale Mitte, und trägt Liebe, Freundschaft und Mitgefühl in alle Teile unseres Körpers. Bei erfreulichen Ereignissen und berührenden Begegnungen »geht uns das Herz auf«. Aber genauso sind Liebeskummer, Trauer, Traurigkeit, Melancholie, Depression und all diese elementaren Emotionen mit unserem Herzen verknüpft. Wir haben »Herzschmerz«, uns »blutet das Herz«. Ganz sicher sind auch diese Emotionen dafür verantwortlich, dass Herz-Kreislauferkrankungen in Deutschland seit Jahren die Todesursache Nummer eins sind.

Und noch etwas ganz Wichtiges drückt sich durch unser Herz aus. Etwas, was in unserer Gesellschaft oft unterschätzt wird … Sicher kennst du den Satz: »Ich folge meinem Herzen!« Wer dies wirklich behaupten kann, ist meist ein glücklicher Mensch, ganz egal, wie erfolgreich er materiell ist oder nicht. Dieser Mensch hat den Weg eingeschlagen, den seine Seele, symbolisiert durch sein Herz, ihm vorgibt. Ein Weg, auf dem er das tun und verwirklichen kann, was seinen Talenten, Interessen und Fähigkeiten entspricht.

Doch wie viele Menschen gehen tatsächlich solch einen Weg? Wer folgt dem Ruf seines Herzens?

Da unsere Gesellschaft materialistisch geprägt ist, setzt sie den materiellen Erfolg vor das persönliche Glück. Geld scheint überall wichtiger zu sein als Sinn und Freude.

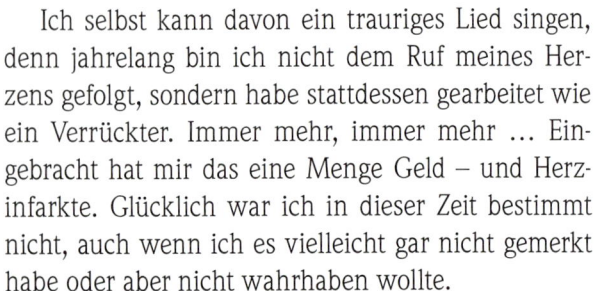

Ich selbst kann davon ein trauriges Lied singen, denn jahrelang bin ich nicht dem Ruf meines Herzens gefolgt, sondern habe stattdessen gearbeitet wie ein Verrückter. Immer mehr, immer mehr … Eingebracht hat mir das eine Menge Geld – und Herzinfarkte. Glücklich war ich in dieser Zeit bestimmt nicht, auch wenn ich es vielleicht gar nicht gemerkt habe oder aber nicht wahrhaben wollte.

Heute bin ich dankbar für diese gesundheitlichen Probleme, denn sie haben mich aufgeweckt. Manche Menschen wachen aus solch einem Leben, wie ich es führte, auf, wenn ihnen ihr Körper zuflüstert, dass etwas nicht stimmt. Mein Körper musste mich anschreien, musste mir drastisch vor Augen führen, dass es so nicht weiterging.

Heute ist es mir ein Anliegen, Menschen davor zu bewahren, dass ihr Körper zu solchen Maßnahmen greifen muss, um Veränderungen herbeizuführen.

Ich bitte dich daher, die folgende Übung zu machen, um den Ruf deines Herzens zu vernehmen, wenn du ihn nicht schon vernommen hast. Lasse sie dir am besten von jemandem vorlesen, mit dem du dich verbunden fühlst und der dich begleiten kann.

Übung 4:
Den Herzensruf entdecken

(Atme als Vorlesender selbst ein paar Mal tief durch, und beginne dann mit ruhiger und sanfter Stimme zu lesen.)

Setze oder lege dich bequem auf den Boden, spüre die Erde unter dir, und schließe langsam deine Augen. Werde dir deines Atems bewusst, achte darauf, wie der Atem kommt und geht, ein und aus, ein und aus. Bleibe einige Momente lang mit deiner Aufmerksamkeit bei deinem Atem.

Lasse nun vor deinem inneren Auge eine Landschaft entstehen: eine wunderschöne Blumenwiese, über die du langsam dahinschreitest. Genieße die Luft und den Anblick der Wiese, das Gefühl, zu gehen und lebendig zu sein.

Du kommst nun an eine Bank, auf der du dich für einen Moment niederlässt und deine Schuhe und Strümpfe ausziehst.

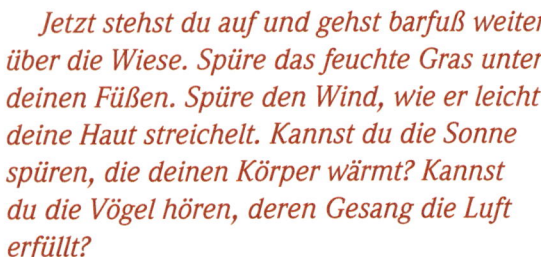

Jetzt stehst du auf und gehst barfuß weiter über die Wiese. Spüre das feuchte Gras unter deinen Füßen. Spüre den Wind, wie er leicht deine Haut streichelt. Kannst du die Sonne spüren, die deinen Körper wärmt? Kannst du die Vögel hören, deren Gesang die Luft erfüllt?

(Auf diese Fragen musst du als Vorlesender nicht unbedingt eine Antwort erhalten. Meist wirst du einfach ein Lächeln auf dem Gesicht des Meditierenden sehen können.)

An einem kleinen Baum siehst du nun einen köstlich anmutenden Apfel. Pflücke ihn vorsichtig, und iss ihn in kleinen Bissen. Kannst du ihn schmecken? Ist er süß, oder schmeckt er eher frisch und ein wenig säuerlich?

(Lasse dem Meditierenden hier ein wenig Zeit, um die Erfahrung ganz auszukosten. Vielleicht beschreibt er auch kurz den Geschmack des Apfels.)

Gehe langsam weiter, und iss den Apfel in Ruhe auf.

Nun kommst du an ein großes, weißes Tor. Öffne die Pforte.

Hinter dem Tor siehst du einen breiten, weißen Weg, der zu einem weißen Haus führt. Gehe durch das Tor hindurch, und schließe es wieder hinter dir.

Gehe langsam den Weg entlang, bis du vor dem Haus stehst. Öffne die Tür, betritt das Haus, und schließe die Tür wieder hinter dir. Du stehst jetzt in einem großen, hellen Raum, in dem sich eine weitere Tür befindet. Hinter dieser Tür wartet der Ruf deines Herzens auf dich. Du wirst dort Bilder entdecken, die dir verraten, was dein innigster Wunsch ist. Vielleicht siehst du dich selbst, wie du etwas Bestimmtes tust, vielleicht siehst du eine bestimmte Szene, die dir vertraut erscheint, vielleicht zeigt sich dir etwas, was du auf den ersten Blick nicht gleich verstehst, was du aber im Nachhinein deuten kannst. Erwarte nichts, mache dich ganz frei …

Atme noch ein paar Mal tief ein und aus.

Gehe jetzt langsam auf diese Tür zu, und sage dir dreimal selbst: »Hinter dieser Tür wartet der Ruf meines Herzens auf mich. Hinter dieser Tür wartet der Ruf meines Herzens auf mich. Hinter dieser Tür wartet der Ruf meines Herzens auf mich.«

Öffne nun die Tür, betritt den Raum, und schließe die Tür hinter dir. Sieh dich um. Was siehst du jetzt?

(Hier braucht der Reisende ein wenig Zeit. Etwa zwei oder drei Minuten solltest du ihm als Vorlesender gönnen.)

Wie fühlen sich diese Bilder für dich an?
Bitte speichere diesen Augenblick, diese ganze Situation mit all ihren Bildern und Gefühlen bewusst ab. Nimm die Situation in ihrer Ganzheit wahr.

(Wieder etwas Zeit geben.)

Mache dich nun auf den Rückweg.
Gehe durch die Tür hindurch in den großen Raum zurück, und schließe die Tür wieder hinter dir.

Verlasse das Haus, und schließe die Tür hinter dir, gehe den weißen Weg entlang zurück zu dem Tor. Öffne es, gehe hindurch, und schließe es hinter dir. Gehe nun wieder über die Wiese zurück zu der Bank, wo immer noch deine Schuhe und Strümpfe liegen. Ziehe beides wieder an, und gehe noch ein Stück weiter in die Richtung, aus der du am Beginn dieser Reise kamst.

Nun komme langsam wieder zurück in deinen Körper, der hier sitzt oder liegt. Bewege deine Finger und deine Zehen. Strecke dich ein bisschen, rekele dich, wenn es dir guttut. Spüre deinen Körper, spüre deinen Atem.

Sei ganz hier und jetzt gegenwärtig.

Vielleicht haben dir die Bilder etwas gezeigt, was du schon in deinem Leben verwirklichst. Vielleicht war es aber auch etwas überraschend Neues, womit du nie gerechnet hättest. Die meisten Menschen entdecken allerdings etwas, von dem sie sagen: »Ja, das wollte ich schon immer machen, habe mich aber nie getraut …«

Wenn du zu den letzten beiden Gruppen gehörst, frage dich in aller Ruhe, wie du diesen Aspekt deines Lebens, der offenbar zu kurz kommt und nach dem sich ein Teil von dir sehnt, verstärkt in dein Leben einladen kannst. Fühle dich bitte von den Bildern, die du gesehen hast, nicht unter Druck gesetzt. Druck gibt es in unseren Leben meist schon genug.

Du musst nicht heute deinen Job bei der Bank kündigen, um dich z. B. hauptberuflich als Zirkusclown zu verdingen. Du kannst auch schauen, wie du diesem Aspekt mehr Raum in deinem Leben schenken kannst, indem du z. B. eine Clownschule besuchst oder kleine Aufführungen in Kindergärten veranstaltest. Du verstehst sicher, was ich meine. Dieses Beispiel lässt sich auf viele Wünsche und Rufe des Herzens übertragen. Fange klein an – wenn der Ruf deines Herzens stark genug ist, wird aus diesem Anfang nach und nach von ganz allein etwas Größeres erwachsen.

Aber sich überhaupt in irgendeiner Weise mit diesem Ruf zu befassen, signalisiert deiner Seele und deinem Körper, dass du sie ernstnimmst. Und damit machst du einen Riesenschritt in Richtung eines bewussten Lebens und einer bewussten Kommunikation mit deiner Seele und deinem Körper.

Diese Kommunikation werden wir nun vertiefen, indem wir uns intensiver mit den Wünschen deines Herzens befassen. Die folgende Übung ist eine Form der direkten Seelenkommunikation mit deinem Körper. Auch diese Meditation solltest du dir vorlesen lassen, um dich ganz auf die emotionale Ebene einlassen zu können.

Wir konzentrieren uns hier zunächst auf dein Herz. Wie gesagt ist es eines der wichtigsten, wenn nicht das wichtigste Organ. In vielerlei Hinsicht ist es dein Zentrum, der Ort, an dem sich Emotionen ansammeln und körperlich bemerkbar machen.

Diese Meditation dient auf der einen Seite dazu, dich weiter mit der Seelenkommunikation vertraut zu machen und wirkliche Informationen von deinem Körper zu erhalten, auf der anderen Seite wird sie dir helfen, deinem eigenen Herzen die Wertschätzung entgegenzubringen, die es verdient hat.

Übung 5:
Seelenkommunikation mit dem eigenen Herzen

Setze oder lege dich ganz bequem hin. Nimm dir Zeit für dich. Für deinen Geist, deine Seele und deinen Körper ... Schließe sanft deine Augen, und entspanne dich.

Lasse alles los, was jetzt nicht gebraucht wird – lockere deine Muskeln, lasse einfach los ...

Spüre die Entspannung wie eine Welle durch dich hindurchfließen. Jede Anspannung wird ganz sanft hinweggespült.

Achte einfach auf deinen Atem, beobachte ihn eine Weile, wie er kommt und geht.

Du atmest ganz ruhig ein und aus, ein und aus ...

Mit der Hilfe deines Atems zentrierst du dich. Du kommst immer mehr in Kontakt mit dir selbst.

Lasse deine Gedanken kommen und gehen. Wie Wolken am Himmel dürfen sie kommen und wieder gehen. Lasse sie ziehen, und atme ruhig ein und aus.

Dein Atem ist ruhig und tief.
Er erfrischt dich und macht dich lebendig.

Du spürst, wie du getragen wirst, wie
die Erde dich trägt, du fühlst dich ruhig und
sicher und überlässt dich immer mehr dem
Rhythmus deines Atems.

Dein Atem fließt ruhig in dir, du begibst
dich mit deinem ganzen Sein in den Fluss
deines Atems, lässt dich vertrauensvoll hinein-
sinken in die allumfassende Ordnung und
Harmonie.
Du atmest, und Frieden erfüllt dich.
Du fühlst dich wohl und bist völlig
entspannt.

Richte deine Aufmerksamkeit nun auf ein
Organ oder ein Körperteil, von dem du weißt
und bei dem du spürst, dass es völlig gesund
ist.
Stelle dir vor, wie dein Atem zu diesem Teil
deines Körpers fließt …

Spüre kurz in diesen Bereich deines Körpers hinein, und bedanke dich dann bei die-

sem Körperteil. Bedanke dich für die Dienste, die dieser Teil deines Körpers täglich für dich verrichtet.

Richte deine Aufmerksamkeit nun auf ein weiteres Organ oder ein Körperteil, das dir täglich gute Dienste leistet.
Stelle dir vor, wie dein Atem zu diesem Teil deines Körpers fließt …

Spüre kurz in diesen Bereich deines Körpers hinein, und bedanke dich dann für alles, was dieser Teil deines Körpers für dich tut.

Lege nun eine Hand ganz leicht auf deinen Herzraum.
Lasse sie dort ruhen.
Spüre deinen Herzschlag unter deiner Hand.
Atme in diesen Herzraum hinein.
Fühle die Leichtigkeit, die dich erfüllt.

Mache dir bewusst, dass das Herz das Zentrum deines Körpers ist.

Mache dir auch bewusst, dass es noch viel mehr ist …

Seit jeher wird das Herz auch als Zentrum deines Seins angesehen, als Sitz der Seele …

Wir Menschen haben verlernt, auf unser Herz zu hören. Oft genug spüren wir es nicht einmal. Wir halten es für selbstverständlich, dass das Herz für uns schlägt.

Führe dir nun vor Augen, dass deine Seele keine Möglichkeit hätte, ihren Seelenplan zu erfüllen, wenn dein Herz nicht täglich für dich arbeiten würde.

Darum mache dir ganz bewusst: Dein Herz arbeitet nur für dich!

Dein Herz schlägt vierundzwanzig Stunden am Tag nur für dich.

Dein Herz schlägt rund um die Uhr nur für dich.

Dein Herz versorgt alle deine Organe, alle Teile deines Körpers nur für dich.

Deine Lungen, deine Leber, deine Nieren, deinen Magen, dein Gehirn, deine Füße und Beine, deine Hände, Finger und Arme, deine

Augen – alle Organe werden von deinem Herzen versorgt.

Dein Herz macht keine Unterschiede, es bevorzugt oder benachteiligt niemanden.

Für alle Organe, für alle Bereiche deines Körpers arbeitet dein Herz rund um die Uhr.
Auch wenn du schläfst, arbeitet dein Herz nur für dich.
Wenn du eine Pause machst, arbeitet dein Herz nur für dich.
Wenn du Sport treibst oder wanderst, arbeitet dein Herz nur für dich.
Wenn du Urlaub machst, arbeitet dein Herz nur für dich.
Dein Herz arbeitet rund um die Uhr nur für dich.

Und es verlangt gar nichts für seine Arbeit.
Dein Herz ist freigebig.
Dein Herz ist kostbar.
Es macht dich lebendig.

Und weil dein Herz nur für dich da ist, solltest du ihm Achtung und Liebe entgegenbringen.

Denn wenn du dein Herz nicht liebst, bist du nicht in der Lage, andere zu lieben.

Und wer keine Liebe senden kann, wird auch keine Liebe empfangen.

Ein Bauer, der aufs Feld geht und Mais sät, wird auch nur Mais ernten …

Keine Kartoffeln, keinen Weizen, keinen Hafer. Er erntet das, was er gesät hat.

Und wenn du dein Herz nicht liebst, kannst du auch keine Liebe senden.

Darum liebe dein Herz, denn dein Herz und deine Seele sind eins.

Spüre deine Hand, die sanft auf deinem Herzen liegt.

Spüre deinen Atem, der leicht in deinen Herzraum fließt.

Drücke nun laut oder leise deine Dankbarkeit für dein Herz aus …

»Danke, dass du für mich da bist.
Danke, dass du für mich schlägst.
Ich liebe dich.«

Lasse nun einfach deine Gefühle der Dankbarkeit zu deinem Herzen fließen und es sanft umhüllen. Spüre, wie es von dieser leuchtenden Energie der Dankbarkeit umhüllt wird.

Du und dein Herz – ihr seid eins.
Ein Leben.
Ihr seid untrennbar miteinander verbunden.

Lasse deine Gedanken nun immer tiefer mit deinem Herzen verschmelzen.
Du bist in deinen Gedanken nichts als nur Herz.
Du denkst wie dein Herz.
Du fühlst wie dein Herz.
Du bist nichts als nur Herz.
Du konzentrierst dich voll und ganz auf dein Herz.
Du bist eins mit deinem Herzen.

Du kannst nun als dein Herz sprechen.
Du kannst erzählen, wie es dir geht.
Wie geht es dir, mein Herz?

(Etwa eine Minute Zeit geben.)

Du bist eins mit deinem Herzen.
Du kannst als dein Herz sprechen.
Du kannst erzählen, was du dir wünschst.
Was wünschst du dir, mein Herz?

(Etwa eine Minute Zeit geben.)

Du bist eins mit deinem Herzen.
Du kannst als dein Herz sprechen.
Du kannst erzählen, was du brauchst, damit
du weiterhin deine Aufgabe gut erfüllen kannst.
Was brauchst du, mein Herz?

(Etwa eine Minute Zeit geben.)

Lenke deine Aufmerksamkeit nun wieder
auf deinen ganzen Körper.
Spüre, wie dein Geist und deine Seele deinen Körper bewohnen.

Schicke noch einmal eine Welle der Dankbarkeit in deinen Herzraum.

»Danke, dass du für mich da bist.
Danke, dass du für mich schlägst.
Ich liebe dich.«

Löse dich nun langsam von deinem Herzen.
Löse auch deine Hand von deinem Herzen.
Lasse deinen Atem weiter fließen.
Gönne dir noch ein wenig Entspannung.

Öffne nun langsam deine Augen.
Recke und strecke dich ein wenig.

Willkommen in einem Leben mit einem starken und geliebten Herzen!
Begrüße ab jetzt jeden Morgen dein Herz mit den Worten:

»Danke, dass du für mich da bist.
Danke, dass du für mich schlägst.
Ich liebe dich!«

Denke immer daran, dass dein Herz und deine Seele eins sind.
Das ist schamanische Weisheit!

Konntest du dein Herz spüren? Konntest du seine Botschaft hören? Mit der Seelenkommunikation kannst du ein völlig neues Verhältnis zu deinem

Körper aufbauen. Ich empfehle dir sehr, den Hinweis aus der Meditation, jeden Morgen dein Herz zu begrüßen, zu beachten. Es gibt kaum etwas Gesundheitsfördernderes als diese liebevolle Achtsamkeit dir selbst gegenüber. Vielleicht kannst du diese Begrüßung und Wertschätzung auch auf andere Körperteile oder Organe ausweiten. Werde kreativ! Entwickle dein eigenes Morgenritual, das dich auf positive Weise mit deinem Körper in Verbindung bringt. Gerade die Körperteile, die dir Probleme bereiten, möchten wahrgenommen werden. Das heißt nicht, dass du dich auf Schmerzen fokussieren solltest. Aber vielleicht könntest du so etwas sagen wie: »Ich nehme dich wahr und weiß um deine Probleme. Ich danke dir für deine Botschaft, und ich werde mich um dich kümmern!«

Das ist eine Form von Achtsamkeit, die Heilung fördert.

Aber natürlich – und das muss ich an dieser Stelle betonen – reicht es nicht, dass du sagst, du würdest dich kümmern. Du musst es auch tun! Wenn dein Herz dir signalisiert, dass es sehr stark arbeiten muss, weil deine Arterien allmählich recht eng werden, dann nützt es nichts, diese Tatsache nur wahrzunehmen. Du solltest dann auch praktische Schritte einleiten, um dieses Problem zu beheben. Achtsamkeit und Wertschätzung reichen nicht aus, wenn du trotzdem jeden Abend vor dem Fernseher zwei Tüten Chips verdrückst …

Überhaupt ist der Seelenschamanismus keine Spiritualität, die nur im geistigen Bereich tätig ist. Dein Körper, die Erde, das Hier und Jetzt, dein Tun – all das ist ebenso wichtig wie deine Erfahrungen in der Geistigen Welt. Alles muss miteinander verbunden sein, erst dann kannst du wirklich deinen Weg gehen!

Seelenkommunikation mit den Körperteilen (deiner Klienten)

Bei den vorangegangenen Übungen hast du vielleicht schon gemerkt, wie dein Körper kommuniziert. Wenn dir das alles immer noch ein wenig seltsam erscheint, lasse mich dir folgende Geschichte erzählen:

Als ich meinen schamanischen Weg begann, wollte ich alles, was ich lernte, natürlich sofort ausprobieren. So habe ich immer mit Freunden und Bekannten geübt, wodurch ich immer sicherer im Umgang mit den Methoden wurde. Als ich die Seelenkommunikation mit den Körperteilen entdeckte, wollte ich dies selbstverständlich auch ausprobieren – und weil ich zu dieser Zeit gerade meine Mutter besuchte, erzählte ich ihr davon und fragte, ob ich mit ihr üben dürfe. Meine Mutter war damals schon recht alt, hatte keinerlei Erfahrungen mit alternativen Heilweisen, und so kam ihr das, was ihr Junge da vorhatte, doch reichlich merkwürdig vor. Ich bereitete deshalb zwei Schüsseln vor. In der einen befand sich warmes Wasser, in der anderen eiskaltes. Dann bat ich sie, jeweils eine Hand in eine der Schüsseln zu halten. »Wie fühlt sich deine rechte Hand jetzt?«, fragte ich sie.

»Warm«, war ihre Antwort.

»Und deine linke Hand?«

»Ganz kalt«, sagte sie.

»Siehst du«, meinte ich, »jetzt hast du mit deinen Körperteilen kommuniziert. So einfach ist das. Man fragt einfach, wie ein Körperteil sich fühlt, und bekommt eine Antwort.«

Diese Geschichte mag dir banal vorkommen, aber sie zeigt, wie simpel die eigentliche Methode ist. Mit Einfühlungsvermögen und Vertrauen kannst du jede Information erhalten, die du benötigst. Dein Körper wird auf die richtigen Fragen immer eine Antwort geben, die hilfreich für dich ist. Wie die Hände meiner Mutter warmes und kaltes Wasser unterscheiden konnten, können auch deine Körperteile und Organe gewisse Zustände unterscheiden. Je mehr du dich mit deinem Körper befasst und dich auf ihn und seine Botschaften einstellst, desto feinfühliger und hellhöriger wirst du. So wirst du nach und nach immer mehr in Erfahrung bringen.

Und so wirst du auch in der Lage sein, mit anderen Menschen zu arbeiten und ihre Körper »abzufragen«, um ihnen zu helfen.

Vielleicht arbeitest du schon mit Klienten, vielleicht hast du es in Zukunft vor, vielleicht möchtest du diese Techniken auch »nur« lernen, um deiner Familie und deinem näheren Umfeld hilfreich zur Seite stehen zu können. Alle diese Ansätze sind gut und richtig.

Im Folgenden werden wir uns nun gemeinsam anschauen, wie du diese Arbeit mit anderen Menschen durchführen kannst. Doch zuvor möchte ich dir noch ein paar grundsätzliche Hinweise mit auf den Weg geben.

Der wichtigste Hinweis ist sicher dieser: Bei dieser geistigen Arbeit sollte dir immer klar sein, dass nicht du es bist, der die Worte der Kommunikation findet, sondern dass es durch dich geschieht. Die Übung 6, die du gleich machen wirst (oder dann, wenn du es dazu an der Zeit findest), ist nur ein Beispiel für die Struktur einer Seelenkommunikation. Du kannst sie erst einmal genau so machen und auch die vorgegebenen Worte verwenden. Mit ein bisschen Erfahrung wirst du aber wissen, wie die Reise mit deinem Klienten rein »technisch« abläuft und worauf du achten musst. Ab diesem Zeitpunkt solltest du deine eigenen Worte verwenden, die sich dir in der Sitzung offenbaren werden. Du kannst hier ganz auf die geistige Welt vertrauen, die dich entsprechend leiten wird.

Diese Tatsache solltest du auch deinem Klienten vermitteln. Du wirst ihn dahin führen, als das Organ zu sprechen. Das heißt, dass du deinen Klienten mit seiner Aufmerksamkeit in das Organ hineinführst, ihn ganz dieses Organ sein lässt, dann Fragen stellst und dein Klient die Stimme dieses Organs wird. Hierbei wird das Organ selbst seine Botschaft in Worte kleiden, die manchmal auch seltsam anmuten können. Deinem Klienten sollte klar sein, dass nicht er es ist, der dort spricht, sondern dass das Gesprochene durch ihn »erscheint«. Je lockerer der Griff unseres Ego und unseres Intellektes ist, desto einfacher werden die Botschaften fließen und desto mehr Informationen erhalten wir. Wichtig ist, dass dein Klient ganz unverstellt das antwortet, was ihm als Erstes in den Sinn kommt. Er sollte nach deinen Fragen nicht erst überlegen und sich eine intellektuell befriedigende Antwort überlegen. Er soll einfach spontan sprechen – ganz egal, wie die Antwort für ihn auch klingen mag.

Nachdem du dir also eine geschützte Atmosphäre in einem Raum deiner Wohnung oder deines Hauses geschaffen hast und du sicher bist, dass du und dein Klient für die nächste Stunde nicht gestört werdet, solltest du ihm deine Vorgehensweise genau erläutern. Hierbei solltest du sehr einfühlsam vorgehen, da unterschiedliche Menschen auch ein unterschiedliches Verständnisvermögen haben. Wenn dein Klient schon Erfahrungen mit geistiger Arbeit hat, kannst du anders mit ihm sprechen, als wenn er zum ersten Mal mit solchen Methoden in Berührung kommt.

Lasse dir zuerst von der Unpässlichkeit berichten, wegen der dein Klient dich aufgesucht hat, und erkläre ihm dann, wie du arbeiten wirst. Beschreibe ihm genau, wie die Seelenkommunikation abläuft. Je genauer du darüber sprichst, desto wirkungsvoller wird die Arbeit sein. Sorge dafür, dass dein Klient sich entspannt und dass er sich wohlfühlt. Wenn du eine große Anspannung spürst oder der Klient durch Schmerzen beeinträchtigt ist, kannst du vorab auch die Übung 1 aus diesem Buch mit ihm machen. Die bewusste Kontaktaufnahme mit dem eigenen Körper entspannt, kann auch Schmerzen lindern und erleichtert die weitere Arbeit der Seelenkommunikation.

Wenn du nun zu arbeiten beginnst, geht es hauptsächlich darum, detaillierte Informationen zu erhalten. Dazu wird das Unterbewusstsein des Klienten vorbereitet, indem du mit zwei gesunden Organen bzw. Körperteilen einsteigst. Dann beziehst du als drittes Organ immer, bei jeder Sitzung, das Herz mit ein, da dieses alle Organe mit Blut und Nährstoffen versorgt und deshalb an allen Vorgängen beteiligt ist. Erst dann kommst du zu dem Organ, das Probleme bereitet. Im folgenden Übungsbeispiel hat der Klient ein Problem mit seinem Atem. Seine Lunge arbeitet nicht so, wie er es sich wünschen würde. Du gehst aber mit der Aufmerksamkeit nicht sofort zur Lunge – das würde auf den Körper wie ein Überfall wirken, ihn verschrecken, und du würdest gar nichts oder nur sehr wenig erfahren. Stattdessen startest du mit der rechten Hand, gehst dann zur rechten Schulter, dann zum Herzen und erst dann zur Lunge.

Wir beginnen nun mit einem kompletten Ablauf der Seelenkommunikation. Im Beispiel sind alle direkten Anweisungen, die dich und deine Tätigkeit betreffen, in Klammern gesetzt, so wie auch die Anweisungen für den Vorlesenden in den vorherigen Meditationen in Klammern gesetzt waren. Alles andere sind die Worte, die du zu deinem Klienten sagst.

Übung 6:
Mit dem Körper kommunizieren

(Setze dich seitlich neben deinen Klienten, der ausgestreckt und entspannt auf dem Boden oder einer Liege liegt. Gib ihm etwas Zeit, es sich bequem zu machen, und beginne dann, langsam und sanft mit ihm zu sprechen.)

Du atmest tief ein und aus, ein und aus, ein und aus …
Dein Atem wird ruhiger und ruhiger.
Du konzentrierst dich ab jetzt nur auf meine Stimme.

Deine Gedanken sind nun bei deiner rechten Hand.
Du denkst wie deine rechte Hand,
du fühlst wie deine rechte Hand,
du bist nichts als nur deine rechte Hand.
Du konzentrierst dich nur auf deine rechte Hand.
Und nun antwortest du mir als rechte Hand:
Hallo, rechte Hand, wie geht es dir?

(Dein Klient wird dir nun antworten. Kommentiere diese Antwort nicht in irgendeiner Weise, sondern lasse sie einfach so stehen, wie sie ist. Wenn du magst, kannst du dir, während dein Klient antwortet, ein paar Stichworte notieren.)

Ich danke dir, rechte Hand.

Und nun bist du in deinen Gedanken die rechte Schulter.
Du bist nichts als nur rechte Schulter,
du denkst wie deine rechte Schulter,
du fühlst wie deine rechte Schulter,
du bist nichts als nur rechte Schulter.
Du konzentrierst dich nur auf deine rechte Schulter.
Und nun antwortest du mir als rechte Schulter:
Hallo, rechte Schulter, wie geht es dir?

(Achtsam auf die Antwort hören, ggf. Notizen machen.)

Ich danke dir, rechte Schulter.

*Und nun bist du in deinen Gedanken
nichts als nur Herz.*
Du denkst wie dein Herz,
du fühlst wie dein Herz,
du bist nichts als nur Herz,
*du konzentrierst dich voll und ganz auf
dein Herz.*
Du bist eins mit deinem Herzen.
Und nun antwortest du mir als Herz:
Hallo, Herz, wie geht es dir?

(Achtsam auf die Antwort hören, ggf. Notizen machen.)

*Und nun bist du in deinen Gedanken nur
die Lunge.*
Du fühlst wie deine Lunge,
du denkst wie deine Lunge,
*du konzentrierst dich voll und ganz auf
deine Lunge.*
Du bist nur noch Lunge
und du antwortest mir als Lunge:
Hallo, Lunge, wie geht es dir?

(Da die Lunge in diesem Beispiel das Organ ist, das Probleme bereitet, wird die Antwort deines Klienten hier unter Umständen ein bisschen länger ausfallen. Ich habe hier Beispielantworten in Anführungszeichen eingefügt, damit du genau sehen kannst, wie der weitere Ablauf in solch einer Sitzung aussieht.)

»Mir geht es nicht gut.«
Weshalb geht es dir nicht gut?
»Ich fühle mich so eingeengt, es ist alles so eng.«
Was engt dich ein?
»Alles um mich.«
Was ist alles um dich?
»Mein Beruf, meine Familie, mein Partner.«
Warum hast du das Gefühl, dass dich alles einengt?
»Alle fordern nur von mir. Mache dies, mache das, mache jenes … Das alles lässt mir keine Zeit zum Atmen.«
Weshalb nimmst du dir die Zeit nicht, etwas nur für dich zu tun?
»Das geht doch nicht. Ich muss funktionieren, sonst bin ich nichts wert, und man mag mich nicht.«

Wenn du aber nicht mehr kannst, dann haben die anderen auch nichts mehr von dir! Willst du das?

»Nein, natürlich nicht, aber was soll ich tun? Ich muss doch für alle da sein, sonst liebt mich niemand.«

Bist du denn bereit, dich von den anderen Körperteilen unterstützen zu lassen und Liebe anzunehmen, damit du es leichter hast?

»Würde ich gern tun, aber gibt es denn jemanden, der mich unterstützen würde?«

Ich werde sehen, was ich für dich tun kann, und mit deinem Herzen reden.

(Das ist eine klassische Situation in der Seelenkommunikation. Das Organ erkennt sein Problem und auch die Ursache, kann aber selbst nicht viel zur Lösung beitragen. Deswegen wird wieder zum Herzen gewechselt, dem Organ, das als weises Zentrum im Körper dient. Meist haben die anderen Organe Vertrauen in diesen Weg.)

Ich bedanke mich bei dir, Lunge. Ich werde nun mit dem Herzen reden.

Gehe nun in Gedanken in dein Herz, sei nichts als dein Herz.

Du denkst wie dein Herz,
du fühlst wie dein Herz,
du bist nichts als nur Herz.

Und nun antwortest du mir als Herz:

Hallo, Herz, hast du gerade gehört, was die Lunge mir mitgeteilt hat?

»Ja!«

Sie fühlt sich nicht geliebt. Sie fühlt sich alleingelassen, sie fühlt sich eingeengt. Deshalb denkt sie, dass sie allen etwas beweisen muss. Für sich selbst hat sie keine Zeit und keinen Raum.

Könntest du, Herz, dir vorstellen, dass du der Lunge viel Blut mit ganz viel Liebe und Selbstvertrauen sendest und ihr mithilfe der anderen Körperteile Unterstützung zukommen lässt?

»Das werde ich gern machen. Ich werde auch mit den anderen Körperteilen kommunizieren und um Unterstützung bitten. Du kannst dich auf uns verlassen. Bisher hat die Lunge noch nie um Unterstützung gebeten, weil sie ein sehr stolzes Körperteil ist und al-

les allein machen will. Aber wir werden sie ab sofort unterstützen.«

Ich bedanke mich bei dir, Herz.

(Gehe nun wieder zurück zur Lunge, und wähle dafür wieder die Worte des Einstiegs, die du bei jedem Wechsel zu einem anderen Organ sprechen solltest. Dies erlaubt dem Unterbewusstsein des Klienten, sich wieder voll und ganz auf das entsprechende Organ einzustellen.)

Nun bist du in deinen Gedanken nichts als nur Lunge.
Du denkst wie deine Lunge,
du fühlst wie deine Lunge,
du konzentrierst dich ganz auf deine Lunge.
Du bist nichts als nur Lunge
und du antwortest mir nun als Lunge:
Hallo, Lunge, hast du das Gespräch mit dem Herzen gehört?
»Ja!«
Wie fühlt sich das an, wenn du weißt, dass du jede Menge Unterstützung von den ande-

ren Körperteilen bekommst und dass sie alle für dich da sind und dich lieben?

Sie werden dich ab sofort bei all deiner Arbeit begleiten und dich mit viel Liebe unterstützen.

»Das fühlt sich richtig gut an. Ich fühle mich leicht und befreit.«

Ich danke dir, Lunge. Und ich verabschiede mich nun von dir.

(Jetzt beginnt der Rückweg, der in umgekehrter Reihe über die gleichen Körperteile wie der Einstieg führt. Bei diesem »Ausstieg« können die Worte einfacher und kürzer sein, da das Unterbewusstsein nicht mehr auf die Kommunikation vorbereitet werden muss.)

Nun bist du nichts als nur Herz,
und du antwortest mir als Herz:
Hallo, Herz, wie geht es dir?
»Danke, gut!«
Danke, Herz.

Nun bist du nichts als nur rechte Schulter,
und du antwortest mir als rechte Schulter:
Hallo, rechte Schulter, wie geht es dir?

»Danke, gut!«
Danke, Schulter.

Nun bist du nichts als nur rechte Hand,
und du antwortest mir als rechte Hand:
Hallo, rechte Hand, wie geht es dir?
»Danke, gut!«
Danke, Hand.

Jetzt wirst du dreimal tief ein- und
ausatmen.
Du wirst die Augen öffnen und wieder im
Hier und Jetzt sein.

(Gib deinem Klienten dann ein wenig Zeit, sich zu strecken und wieder ganz hier anzukommen, bevor du mit ihm über sie Seelenkommunikations-Sitzung sprichst.)

Du siehst, dass es in der Seelenkommunikation oft darum geht, den Körper als Ganzes zu sehen und die einzelnen Teile als Teamplayer ins Spiel zu bringen. Wenn ein Körperteil leidet, können die anderen Körperteile unterstützend eingreifen.

Jedes Körperteil scheint ein eigenes Ego zu besitzen, das sich wie bei uns Menschen oft nur um sich selbst dreht. Auch wir nehmen keine Hilfe an, weil wir denken, wir müssten alles allein schaffen. Wir wollen uns beweisen, wollen allen zeigen, wie unabhängig wir sind.

Sicherlich fällt dir auf, wie das, was die Organe berichten, auf den ganzen Menschen übertragbar ist. Das Organ versinnbildlicht häufig ein Problem, das ein grundsätzliches Lebensthema des Klienten darstellt. Manchmal haben Menschen Schmerzen in der rechten Hand, weil diese Hand alles allein tun will, alles erledigen will, keine Hilfe annehmen kann, keine Aufgabe abgeben kann. Hier drückt sich der innere Mann aus, der ebenfalls alles allein schaffen will und meint, keine Unterstützung zu benötigen. Weil die Anforderungen aber doch zu groß sind, treten Schmerzen an dieser Hand auf.

In dem Fall unserer obigen Beispielsitzung könntest du also deinen Klienten fragen, ob ihm das Problem der Lunge bekannt vorkommt. Fühlt er sich vielleicht auch oft eingeengt, von zu vielen Pflichten erdrückt? Kommt es ihm vor, als wäre er stets auf sich allein gestellt? Was könnte er dagegen unternehmen? Wo könnte er sich Hilfe suchen? Wie würde sich das anfühlen?

Die Organe liefern Informationen, die meist weit über ihren eigenen Zustand hinausgehen. Es ist die Seele, die sich über unsere Organe bemerkbar macht, ja, manchmal bemerkbar machen muss, weil wir so schlechte Zuhörer sind. Wir hören nicht auf unser Bauchgefühl, weil das zu subtil ist oder weil wir solch ein Gefühl generell nicht ernst nehmen. Aber ein Magengeschwür, das nehmen wir ernst, da hören wir hin.

Das Wunderbare an der Seelenkommunikation mit unserem Körper (oder mit dem Körper unseres Klienten) ist, dass wir sehr schnell Informationen bekommen, aus denen wir ein praktisches Handeln ableiten können. Des Weiteren sorgt schon die bloße Achtsamkeit, die wir unserem Körper – und damit unserer Seele – widmen, dafür, dass sich etwaige Blockaden lösen können.

Wir kümmern uns in dieser Arbeit immer gleich um die Ursache der Unpässlichkeit, nicht nur um die Symptome. Diese verschwinden meist von allein, wenn die Ursache aufgedeckt und bearbeitet bzw. die Umstände verändert wurden.

Wenn wir mit unserem Klienten nach einer Seelenkommunikations-Sitzung sprechen und ihm entsprechende Fragen stellen, ob er das Muster, von
dem sein Organ sprach, in seinem Leben und Alltag
wiedererkennt, dann forschen wir meist nach einer
Form von Angst. Da gibt es die Angst, nicht geliebt
zu werden, wenn man dieses oder jenes nicht leisten
kann. Da gibt es die Angst, nicht zu genügen, nicht
mithalten zu können, die Angst, als Versager zu gel-
ten. Es gibt die Angst, plötzlich allein dazustehen. Es
gibt die Angst, nicht männlich oder nicht weiblich
genug zu wirken. All diese Ängste sind dir vielleicht
schon einmal, in dir selbst oder in anderen, begegnet.
Letztlich lassen sie sich alle auf eine Urangst zurück-
führen, die uns zumeist in der Kindheit befällt: Wir
haben Angst vor dem Liebesentzug unserer Eltern,
weil wir irgendetwas tun oder nicht tun, weil wir
nicht »gut genug« sind, um geliebt zu werden.

Aus diesem Grund leben wir in einer solchen Leis-
tungsgesellschaft! Viel zu viele Menschen strampeln
sich ab, nur um geliebt zu werden.

Manchmal werden solche Ängste auch in gewisser Weise »vererbt«, weil die eigentliche Angst
einen Vorfahren von uns befallen hatte, wir sie aber
dennoch mitbekommen haben. (Die Ängste unserer

Mütter und Väter sind oft tief in uns verborgen, da wir sie als Kind stets unterschwellig miterlebten.)

Wenn du deinen Klienten aufgrund der Informationen seiner Organe, in denen sich seine Seele ausdrückt, dazu bringen kannst, seine eigenen Muster zu erkennen, hast du ihm schon sehr geholfen. Die Blockaden werden beginnen, sich zu lösen – der Weg in die Freiheit wird sichtbar …

Seelentausch bei Organverpflanzungen

Wenn bei Menschen, durch schwere Krankheiten oder Unfälle bedingt, ein Organ den Dienst versagt, gibt es in der heutigen Medizin die Möglichkeit, das Organ eines anderen Menschen zu verpflanzen. Für diejenigen, die dieses Organ bekommen, ist dies natürlich erst einmal ein Segen, da ein neues Organ bedeutet, weiterleben zu können.

Meist müssen dann zwar lebenslang Medikamente eingenommen werden, die die Abstoßung dieses Organs verhindern, aber das wird, wenn es um Leben und Tod geht, gern in Kauf genommen. Ich will diese medizinische Möglichkeit, Leben zu retten, jetzt auch gar nicht kritisieren – ich möchte nur auf einen Aspekt hinweisen, der mir im Laufe meiner Tätigkeit als Schamane schon öfter begegnet ist und dem meines Erachtens zu wenig Aufmerksamkeit geschenkt wird.

Wir müssen hierbei bedenken, dass die moderne Medizin eine Apparate-Medizin ist. Es wird gemacht, was technisch möglich ist. Dabei machen sich Ärzte, die in dieser Maschinerie tätig sind, natürlich keine Gedanken darüber, ob und inwieweit sich die Seelenanteile des verpflanzten Organs mit denen des Organempfängers verstehen.

Doch stellen wir uns einmal die Situation im Körper aus energetischer Sicht vor: Alle Organe sind untereinander vernetzt, kommunizieren miteinander und stehen im Austausch. Plötzlich wird ein Organ ersetzt, und von einem Moment zum anderen ist da etwas Fremdes, das bisher noch nicht da war, in diesen Kommunikations-Kreis eingebunden. Das kann unter Umständen für das ganze Körpersystem ziemlich verwirrend sein und dazu führen, dass die anderen Organe die Kommunikation mit dem hinzugekommene Organ ablehnen. Man könnte auf Neudeutsch auch davon sprechen, dass das neue Organ von den anderen »gemobbt« wird. Manche Dinge passen einfach nicht zusammen und tun sich schwer damit, miteinander ein Team zu bilden.

Man könnte es auch damit vergleichen, dass man einen Honda-Ölfilter in einen Audi einbaut – auch hier kann man nicht ein reibungsloses Funktionieren erwarten. Was man tun müsste, wären gewisse Umbauarbeiten, die das neu eingebaute Teil in das bereits bestehende Ganze besser einbinden. Und genau solche Umbauarbeiten können in unserem Körper auch mit der Seelenkommunikation geleistet werden. Hier bestehen die Umbauarbeiten aus einer Kommunikation mit den anderen Organen, in der ihnen der Neuling vorgestellt wird und in der ganz klar zum Ausdruck kommt, dass ein Überleben des gesamten Organismus (und somit jedes einzelnen Organs) vom

Zusammenspiel aller abhängt. Wenn alles erklärt wird und »die Truppe« sozusagen »eingeschworen« wird, kann das neue Organ integriert werden. Lasse mich dir dazu ein Fallbeispiel aus meiner Praxis erzählen:

Nach Jahren, in denen wir keinen Kontakt hatten, traf ich meinen Freund Hans wieder. Nachdem ich mich beruflich verändert hatte, hatten wir uns aus den Augen verloren. Hans erzählte mir, was er in der Zwischenzeit erlebt hatte und wie es ihm in den letzten Jahren so ergangen war. Während er erzählte, merkte ich, dass er sich immer wieder ans Herz griff und dabei sehr schwer atmete.

Auf meine Nachfrage, ob es ihm nicht gut gehe, berichtete er mir, dass er vor Jahren beim Golfen einen Herzinfarkt erlitten hatte und in ein Krankenhaus gebracht worden war. Nach längeren Untersuchungen hatten die Ärzte beschlossen, eine Herzklappe zu ersetzen, um sein Leben zu retten.

Seit diesem Eingriff hatte er immer wieder Probleme mit dem Atmen und er fühlte sich ständig schlapp und müde. Nach einer erneuten Untersuchung eröffneten ihm die Ärzte, dass die neue Herzklappe nicht richtig arbeite und sein Körper diese vermutlich abstieß. Man einigte sich darauf, dass in sechs Wochen eine neue Operation am Herzen stattfinden sollte und die jetzige Herzklappe gegen eine neue ersetzt würde. Da Hans bei der letzten Operation schon keine gute Erfahrung gemacht hatte, flößte ihm diese Vorstellung großes Unbehagen und Angst ein.

Ich erzählte Hans von meiner Arbeit und meinem Wirken als Schamane und erklärte ihm die seelischen Hintergründe seiner Problematik. Ich bot ihm an, mithilfe der intuitiven Seelenkommunikation ein Gleichgewicht der Organe und eine gegenseitige Akzeptanz herzustellen. Zu meiner großen Freude willigte Hans ein! Wir vereinbarten eine Sitzung eine Woche vor seinem Operationstermin. An diesem Tag erschien Hans am Vormittag bei mir. Er spürte großes Unbehagen in seinem Herzen, und er sagte, dass es ihm immer schlechter gehe. Wir begannen unmittelbar mit der Arbeit. Zuerst bereitete ich einen geschützten Raum vor und bat alle meine geistigen Helfer, mich bei meinem Vorhaben zu unterstützen.

Nun bat ich Hans, sich auf einen Stuhl zu setzen und sich dabei völlig zu entspannen. Dann begann ich die intuitive Seelenkommunikation mit den Organen.

Nochmals zum Verständnis: Nicht ich wähle die Worte, die gesprochen werden, sondern sie geschehen durch mich!

Während dieser Sitzung war ich sehr überrascht, wie streng und zurechtweisend ich mit den anderen Organen umging, weil sie sich weigerten, die eingesetzte Herzklappe anzunehmen. Ich versuchte, ihnen klarzumachen, dass der ganze Organismus nur mit Teamarbeit gesund bleiben könne und sie deshalb bereit sein sollen, miteinander auszukommen, da die übergeordnete Seele sonst ihren eigentlichen Seelenplan nicht erfüllen könne. Nach etwa einer Viertelstunde beendete ich die Arbeit, wir schlossen den geschützten Raum, und ich bedankte mich bei meinen geistigen Helfern.

Kurz darauf erklärte mir Hans, dass der Druck auf seinem Herz nachlasse und er plötzlich wieder richtig Luft bekäme. »Ich fühle mich richtig leicht«, sprudelte er voller Freude hervor.

Ich bat ihn, in den nächsten Tagen auf Veränderungen zu achten und mich und seinen behandelnden Arzt sofort zu informieren, wenn etwas Außergewöhnliches geschehe.

Drei Tage später rief er mich an und berichtete mir, dass es ihm gut gehe und er den Operationstermin abgesagt habe. In der Zwischenzeit sind acht Monate vergangen, und er fühlt sich nach wie vor wie neugeboren.

Dieser Fall hat mir deutlich vor Augen geführt, was mit der Seelenkommunikation alles erreicht werden kann. Besonders beeindruckt hatte mich, dass ich in der Sitzung Worte verwendete, als würde ich mit bockigen Kindern sprechen. In Hans' Fall brauchten die Organe keine sanfte Achtsamkeit, sondern eher ein strenges Maßregeln, um wieder auf Kurs zu kommen. Jede Sitzung ist einfach einmalig, und diese Arbeit ist jedes Mal etwas Besonderes und Individuelles.

Auch wenn du selbst nicht von einer Organverpflanzung betroffen bist, kannst du aus diesem Aspekt der Arbeit und der Geschichte von Hans trotzdem die Information für deinen Körper mitnehmen, dass er nur als Ganzes gesund bleibt. Alle deine Organe müssen zusammenarbeiten. Um diese Zusammenarbeit ganz praktisch zu fördern, kannst du folgende kleine Übung machen, die alle deine Organe und Körperteile anspricht.

Übung 7:
Die Organe zu Teamspielern machen

Nimm dir wieder etwas Zeit, und lege dich bequem hin. Spüre ganz bewusst die Erde unter dir, und schließe deine Augen. Achte eine Weile auf deinen Atem, wie er kommt und geht – beobachte deinen Atem nur, versuche nicht, ihn in irgendeiner Weise zu beeinflussen, lasse dich atmen!

Richte deine Aufmerksamkeit auf deinen Körper, und wandere durch die einzelnen Bereiche wie in der ersten Übung dieses Buches. Beginne bei den Füßen, lenke deine Aufmerksamkeit durch die Beine, dein Becken, deinen Rücken, deinen Bauch und deine Brust, deine Schultern und Arme, deine Hände. Spüre deinen Nacken, deinen Kopf und dein Gesicht.

Lege nun eine Hand auf deinen Bauch und eine Hand auf deine Herzgegend. Spüre, wie sich die Hände durch deinen Atem bewegen. Spüre, wie deine Organe in dir arbeiten. Spüre deinen Herzschlag. Spüre deine Lunge, die sich dehnt und wieder zusammenzieht. Spüre vielleicht deinen Magen, der unter dei-

ner Hand arbeitet. Mache dir deine inneren Organe bewusst, die unter deinen Händen mit ihrer je eigenen Tätigkeit beschäftigt sind, ohne dass du dies merkst.

Atme tief ein, und sage mit dem Ausatmen laut oder leise: »Ihr seid alle eins.« Wiederhole dies ein paar Mal, so lange, wie es sich gut für dich anfühlt.

Dann atme wieder tief ein, und sage mit dem nächsten Ausatmen: »Danke, dass ihr zusammenarbeitet!« Wiederhole auch dies ein paar Mal.

Bleibe noch ein wenig liegen, öffne dann deine Augen, recke und strecke dich, und erfreue dich deines funktionierenden Körpers.

Seelentausch bei schweren Unfällen

Auf eine weitere, vielleicht verblüffende Sache im Zusammenhang mit unserer Seele möchte ich hier auch noch kurz eingehen. Man wundert sich immer wieder, wenn es bei einem schweren Unglück Überlebende gibt, zum Beispiel bei einem Flugzeugabsturz, einem Zugunglück, Schiffskatastrophen, Tsunamis und schweren Verkehrsunfällen. Sehr häufig liegt in diesen Fällen ein sogenannter Seelentausch vor. Eine Seele verlässt den Körper, eine andere geht in ihn hinein und führt das Leben fort. Der tiefere Grund für einen Seelentausch ist der, dass die neue Seele noch einige Erfahrungen machen soll und diese in diesem speziellen Körper am besten machen kann. Damit diese neu ankommende Seele nicht den ganzen Prozess der Geburt und Kindheit durchlaufen muss, um noch eine einzige spezielle Erfahrung eines Erwachsenen zu machen, haben beide beteiligten Seelen vorab in ihrem Seelenplan festgelegt, dass die eine Seele bei einem bestimmten Ereignis (Unfall, Katastrophe etc.) fortgeht, während die andere dann diesen Körper übernimmt.

So überlebt der Körper, und die »neue« Seele kann ihren Erfahrungsstand ausbauen. Manchmal stellt man bei Personen, die solch ein Ereignis auf erstaunliche, nahezu unmögliche Weise überlebt haben, fest, dass sie sich in ihrer gesamten Persönlichkeit verändert haben. Sie scheinen andere Menschen geworden zu sein – und das stimmt manchmal auch. Diese grundlegenden Veränderungen sind meist ein Zeichen dafür, dass ein Seelentausch stattgefunden hat.

Manchmal geschieht es auch, dass sich die Person nach einiger Zeit, manchmal Monate oder Jahre, wieder verändert und ihr ursprüngliches Wesen annimmt.

Die »neue« Seele, die für einige Zeit den Körper übernommen hatte, um ihre Erfahrungen zu machen und die ihr gestellte Aufgabe zu erledigen, überlässt dann wieder der ursprünglichen Seele ihren Körper. Dieser Tausch geschieht innerhalb eines Atemzugs und wird von dem betroffenen Menschen gar nicht wahrgenommen.

Ich erwähne dies hier nur, weil es manchmal Krankheiten gibt, bei denen scheinbar der ganze Körper in Mitleidenschaft gezogen wird und die medizinisch kaum zu erklären ist. Hier kann man davon sprechen, dass der ganze Körper eine Abwehrreaktion gegen die neue Seele zeigt. Auch hier kann man, ähnlich wie bei den verpflanzten Organen, dem Körper nur gut zureden und ihm klarmachen, dass er jetzt für die Aufgabe der neuen Seele gebraucht wird und nur aus diesem Grund weiterexistieren darf.

Die innere Blume

Eine weitere Möglichkeit, Informationen zu erhalten und gleichzeitig heilsame Prozesse anzuregen, ist die Methode der inneren Blume, die ich nun mit dir teilen möchte. Es ist eine äußerst einfache und dabei sehr wirksame Methode, die du sowohl für dich als auch für andere einsetzen kannst.

Bei dieser Methode funktioniert alles über die Kraft der Gedanken. Wir visualisieren einfach eine Blume, nachdem wir uns eine bestimmte Frage gestellt haben. Ich verwende meist die Sonnenblume, weil diese sehr schnell reagiert. Du kannst dir aber auch jede andere Blume vorstellen, zu der du eine besondere Verbindung spürst. Anhand des Aussehens der Blume kannst du Informationen zu einem bestimmten Thema erhalten, das du (oder dein Klient) vorher formuliert hast. Dieses Thema sollte klar benannt sein, und es sollte immer nur um ein Thema gehen. Wenn jemand also mehrere gesundheitliche Probleme hat, sollten diese nach und nach bearbeitet werden, niemals mehrere zusammen in einer Sitzung.

Das Aussehen der visualisierten Blume gibt dir Auskunft über den Zustand des Klienten und auch über die Hintergründe für diesen Zustand. Innerhalb der Sitzung kannst du das Aussehen der Blume positiv verändern und diese Energie wieder an den Klienten zurückgeben. Du wirst erstaunt sein, wie gut das funktioniert.

Ich denke, am einfachsten verstehst du diese Methode, wenn du sie mit folgender Übung praktizierst.

Übung 8:
Die innere Blume erfahren

Setze dich bequem auf einen Stuhl oder auf den Boden, seitlich neben deinen Klienten. Sitze möglichst aufrecht, sodass dein Atem nicht behindert wird. Atme ruhig und gelassen. Folge ein paar Augenblicke lang deinem Atem mit deiner Aufmerksamkeit.

Nimm dann das Problem des Klienten in Gedanken in dich auf, und lasse die innere Blume entstehen. (Stelle dir einfach vor, wie du zum Beispiel das lädierte Schultergelenk deines Klienten in das Bild der Blume überführst.)

Schau dir jetzt die Blume genau an. Wie sieht sie aus?

Wie sehen ihre Wurzeln aus?

Wie sieht ihr Stiel aus?

Wie sehen ihre Blätter aus?

Wie sieht ihre Blüte aus?

Wenn du etwas an der Blume entdeckst, was ungesund wirkt, verändere es in Gedanken, indem du die Blume wie ein liebevoller Gärtner pflegst. Sehen die Wurzeln verkümmert aus? Bedecke sie mit guter, fruchtbarer Erde. Vielleicht musst du die Blume auch umpflanzen und ihren Standort verändern. Sieht der Stiel dünn aus oder sogar geknickt? Richte ihn auf, stütze ihn ggf. mit einem Stock. Sind die Blätter trocken? Gieße die Blume mit frischem Wasser. Fehlen der Blüte einzelne Blätter oder lässt die Blume den Kopf hängen? Auch hier hilft Gießen, oft auch gutes Zureden und gedankliches Verändern: Füge der Blüte einfach alles hinzu, bis sie gesund aussieht. Lasse deine innere Sonne auf sie scheinen. Nähre sie mit Liebe und Zuwendung.

Pflege die Blume so lange, bis sie insgesamt einen gesunden, kräftigen und lebendigen Eindruck macht. Dann schicke diese Energie in Gedanken wieder zurück zu deinem Klienten.

Atme dreimal tief durch, und öffne dann deine Augen.

Du siehst, ich habe nicht zu viel versprochen: Diese Übung ist wirklich denkbar einfach. Und du kannst sie auch bei dir selbst anwenden, indem du dein eigenes Problem in die Blume gibst, diese umsorgst und die neue und frische Energie dann zu dir selbst zurückführst.

Sehr hilfreich können auch die Informationen sein, die du dem Aussehen der Blume entnehmen kannst. Jeder Teil der Blume steht symbolisch für eine ganz bestimmte Deutungsebene.

Die Wurzel

Die Wurzeln der Blume stellen die eigenen Wurzeln dar: Wie stehe ich in meinem Leben? Wie stehe ich in meinem Berufsleben, in meinem Alltag, in meiner Familie? Wo stehe ich? Bin ich gut verwurzelt oder eher entwurzelt?

Der Stiel

Der Stiel steht für die Stabilität in unserem Leben: Stehe ich zu mir? Bin ich in meiner Person gefestigt? Weiß ich, was ich will? Ist der Stiel sehr dünn, kann dies auf ein schwaches Selbstbewusstsein hindeuten. Ist der Stiel sogar geknickt, bedeutet dies meist, dass

wir unseren eigenen Wert unbewusst als herabge-
setzt wahrnehmen, uns selbst nichts zutrauen, uns
ungeliebt fühlen.

Die Blätter

Die Blätter der Blume stehen für unsere Abgren-
zung nach außen: Kann ich mich genügend schüt-
zen? Überrollen andere Menschen mich? Nutzt mein
Umfeld mich aus?

Die Blüte

Die Blüte steht letztlich für unseren Kopf, unser
Denken, auch für unsere geistige Anbindung nach
oben: Ist meine Anbindung vorhanden? Sonst kann
ich überhaupt keine Blütenblätter entdecken. Geschieht meine Anbindung in Schönheit? Öffne ich
mich nach oben? Sonst ist die Blüte meiner Blume
stets geschlossen. Ist die Blüte vielleicht viel zu groß
für den Rest der Blume? Dann lege ich zu viel Wert
auf meinen Kopf, auf mein Denken. Oder diese Unver-
hältnismäßigkeit bezieht sich auf meinen spirituellen
Weg, der den Rest meines Lebens überwiegt und somit zu einem Ungleichgewicht führt. Ich flüchte vor
der Realität und verstecke mich hinter spirituellen
Floskeln.

Je mehr Erfahrung du mit der inneren Blume machst, desto klarer werden sich dir die Botschaften offenbaren. Und vergiss bitte nicht: Auch wenn die Methode selbst nur auf geistiger Ebene stattfindet, die Veränderungen der Blume wirken auch in deinem Alltag. Und noch wichtiger: Wenn die Botschaften dir vermitteln, dass du in deinem Alltag ganz konkret etwas ändern solltest, dann folge diesem Impuls. Nicht unbedacht, aber konsequent. Das gilt für alle Übungen und Methoden in diesem Buch, ja, für alle Methoden des Seelenschamanismus generell: Die geistige Ebene wirkt sich auf die Alltagsebene aus. Und Impulse, die uns zu einem veränderten Verhalten auffordern, wollen in unserem Alltag gelebt werden. Der Alltag ist unsere eigentliche Praxis!

Schlusswort

Mit den Methoden, die du in diesem Buch kennengelernt hast, wirst du die Überzeugung, dass alles beseelt sei, recht eindrücklich, sozusagen am eigenen Leib, erfahren können. Du wirst feststellen, dass jedes deiner Körperteile wahrgenommen und beachtet werden möchte. Du wirst merken, dass ein Körperteil, dem Liebe entgegengebracht wird, leichter arbeitet als eines, das abgelehnt wird (weil es vielleicht als »unansehnlich« oder »untauglich« betrachtet wird).

Ich hoffe, dass dieses Buch einen Beitrag dazu leisten kann, dass du deinen Blick auf Gesundheit noch einmal erweitern kannst. Seit vielen Jahren bin ich der Überzeugung, dass die geistige Medizin einen ungeheuren Beitrag zu unserem Wohlbefinden leisten kann, der noch längst nicht in all seiner Tiefe und all seinen Möglichkeiten erschlossen ist. Wenn wir endlich von der Konzentration auf die Symptome ablassen und uns den wahren Ursachen unserer Probleme zuwenden, ist dies ein riesiger Schritt in die richtige Richtung. Sehr wahrscheinlich werden wir uns damit viel Leid und viele unnötige Kosten ersparen. Ich bin sehr gespannt, wohin sich die alternativen Heilmethoden in den nächsten Jahren entwickeln werden. Und ich bin gespannt, wohin mein Weg mich führen wird. Ich bin voller Vertrauen!

Vielleicht begegnen wir uns eines Tages … ich würde mich freuen!

Über den Autor

Reinhard Stengel, der »Rainbowman«, war lange im Management tätig. 1986 hatte er erste Kontakte zum Schamanismus, entschied sich aber erst 2004, seinen Beruf aufzugeben und als Heiler und Schamane zu wirken. Heute ist er erfolgreicher Vortragsredner und Trainer, der

deutschlandweit die Säle füllt. Seine Erfolge in der Behandlung psychischer und physischer Störungen sprechen für ihn.

Weitere Informationen unter:
www.rainbow-rs.de

Außerdem von Reinhard Stengel erschienen

Seelengespräch mit dem Herzen
Das emotionale und körperliche Zentrum
heilsam berühren
ca. 40 Min.
ISBN 978-3-8434-8285-1

Die Meditation von Seite 40 können Sie auch von Reinhard Stengel selbst gesprochen auf CD anhören.

Seelengespräch mit dem Körper
Hörbuch
2 CDs, ca. 136 Min.
ISBN 978-3-8434-8320-9

Vollständige Lesung dieses Buches von Reinhard Stengel.

Rainbowman
Seelenschamanische
Energiearbeit
208 Seiten
ISBN 978-3-8434-1042-7

Was Finger verraten
Seelenschamanische Deutung
von Krankheiten und Blockaden
160 Seiten
ISBN 978-3-8434-1115-8

Die Reihe »Seelenschamanische Energiearbeit«

Die Aura sehen, verstehen und heilen
96 Seiten
ISBN: 978-3-8434-5072-0

Chakren fühlen, ausgleichen und anregen
96 Seiten
ISBN: 978-3-8434-5063-8

Das innere Kind, die innere Frau, den
inneren Mann erwecken und harmonisieren
96 Seiten
ISBN: 978-3-8434-5090-4

Flüche, Besetzungen, Implantate lösen
96 Seiten
ISBN: 978-3-8434-5064-5

Die Schwangerschaft aufarbeiten
Auflösung der frühesten Prägungen
96 Seiten
ISBN: 978-3-8434-5091-1

Zwischen den Welten
Schamanische Reisen als Weg zu uns selbst
96 Seiten
ISBN: 978-3-8434-5096-6

In Harmonie sein
Im Kreis des Lebens heil werden
96 Seiten
ISBN: 978-3-8434-5125-3